BEI GRIN MACHT SICH IHR WISSEN BEZAHLT

AF153227

- Wir veröffentlichen Ihre Hausarbeit,
  Bachelor- und Masterarbeit

- Ihr eigenes eBook und Buch -
  weltweit in allen wichtigen Shops

- Verdienen Sie an jedem Verkauf

Jetzt bei www.GRIN.com hochladen
und kostenlos publizieren

Warum ist Big Data für Unternehmen wichtig?

GRIN ☺

Bibliografische Information der Deutschen Nationalbibliothek:

Die Deutsche Nationalbibliothek verzeichnet diese Publikation in der Deutschen Nationalbibliografie; detaillierte bibliografische Daten sind im Internet über http://dnb.d-nb.de abrufbar.

ISBN: 9783346435620
Dieses Buch ist auch als E-Book erhältlich.

Das Buch bei GRIN: https://www.grin.com/document/1030999

Inhalt

Abkürzungsverzeichnis

HANA..High Performance Analytic Appliance

NoSQL...Not only Structured Query Language

IDC..International Data Corporation

Abbildungsverzeichnis

1. Einleitung

1.1. Hinführung zum Thema und Zielsetzung der Arbeit

Big Data zählt zu den Schlüsselbegriffen der zentralen Debatte des technologischen Wandels. Laut der 2011 durchgeführten Studie namens Digital Universe, sollte das Datenvolumen 2011 die 1,8 Zettabyte-Marke erreicht haben. Umgerechnet entspricht das 1,8 Billionen Gigabyte. Das Datenvolumen ist innerhalb eines Jahres auf einen Wert von 2,8 Billionen Gigabyte (2012) angestiegen. Für das Jahr 2020 prognostizieren Experten einen Wert von bis zu 40 Zettabyte. Die Menschheit hat als Gesellschaft nie das Ziel verfolgt, möglichst viele Daten zu produzieren, doch nahezu jeder Mensch trägt täglich zur Entstehung der Menge an Daten bei. Dies ist nicht zuletzt aus neuen Kommunikationsstrukturen mit neuartigen Technologien entstanden. Des Weiteren haben enorme technische Entwicklungen der vergangenen Jahre völlig neue Möglichkeiten der digitalen Datensammlung, Datenspeicherung und Datenauswertung eröffnet.

Die Produktion digitaler Daten ist in den vergangenen Jahren exorbitant angestiegen und die Menge an Daten hat sich im Schnitt alle zwei Jahre verdoppelt. Grund hierfür sind technologische Weiterentwicklungen, wie die Entwicklung neuer mobiler Endgeräte und neuer Messtechniken. Jeder Mausklick am Computer, jeder Schritt, jeder Pulsschlag lässt sich heutzutage dokumentieren und analysieren. Die zunehmende Digitalisierung sowie die damit verbundene Generierung von Daten bietet Unternehmen die Chance, eine große Menge an Informationen über ihre Produkte und Kunden zu erhalten. Die Auswertung und Integration von Daten in unternehmerische Prozesse hat in den vergangenen Jahrzehnten stark zugenommen und einen großen Teil zur Effizienzsteigerung und der Prozessunterstützung beigetragen. Um sich ein Bild zu machen, wie groß der Einfluss der neuen Technologien ist, muss man die heutigen Möglichkeiten und Kommunikationsformen mit denen vergleichen, die noch vor 30 Jahren vorherrschten. Durch die stetig wachsenden Datenmengen ist das Thema omnipräsent in den Medien. Big Data zählt heutzutage zu den zentralen Fragestellungen, welche die IT-Entwicklung auch in Zukunft prägen und mitbestimmen wird.

Das Ziel der vorliegenden Arbeit ist, zu klären, welche Erwartungshaltung Unternehmen gegenüber den Big Data Technologien haben und welchen potenziellen Nutzen sie darin sehen. Des Weiteren wird erläutert, welche Probleme und Herausforderungen Big Data mit sich bringt und wie sich Big Data Technologien auf Unternehmen auswirken. Zusätzlich sollen aktuelle Einsatzgebiete herausgestellt und technische Grundlagen von Big Data erklärt werden.

1.2. Aufbau der Arbeit

Um die Frage so umfassend wie möglich zu beantworten, ist die vorliegende Arbeit wie folgt aufgebaut. Grundlegend ist die Hausarbeit in zwei Schwerpunkte unterteilt. Hinzu kommen die Einleitung, das Fazit sowie ein Ausblick.

Im ersten Schwerpunkt werden theoretische Grundlagen für ein besseres Verständnis erarbeitet. Diese umfassen die ausführliche Definition des Begriffs Big Data. Um den Leser besser in das Thema einzuführen, werden mit der Definition zu Big Data auch die verschiedenen Erscheinungsformen erklärt. Anschließend werden die Einsatzgebiete sowie die theoretischen Grundlagen dargelegt.

Im zweiten Schwerpunkt wird die Eignung und Verwendung von Big Data in Unternehmen konkretisiert. Der Schwerpunkt umfasst die Erwartungshaltung der Unternehmen und den potenziellen Nutzen von Big Data. Hinzu kommt das Thema Probleme und Herausforderungen. Der nächste Punkt beleuchtet die Auswirkungen auf Unternehmen.

Im Schlussteil der Hausarbeit wird ein Fazit gezogen und ein Ausblick auf das Thema Big Data in der Zukunft gewährt.

2. Theoretische Grundlagen zum Thema Big Data

In diesem Kapitel werden die, für das Verständnis der gesamten Arbeit, notwendigen Grundlagen beschrieben.

2.1. Begriffserklärung Big Data

Der Begriff Big Data unterliegt vielfältigen Definitionen, da es keine allgemeinverbindliche Definition gibt. Dementsprechend müssen zunächst die Eigenschaften geklärt werden, die Big Data von normalen Daten unterscheiden. Bei Big Data handelt es sich um Datensätze, die sowohl aufgrund ihrer Komplexität als auch ihrer Größe mit den Kapazitäten der Datensatzanalyse nicht mehr analysiert und verarbeitet werden können. Des Weiteren zeichnet sich Big Data, im Gegensatz zu traditionell angelegten Datensätzen, durch heterogene Strukturen aus. Sie setzen sich oftmals aus verschiedenen kleineren homogenen Datensätzen zusammensetzen. Dies können in Bezug auf Personen zum Beispiel Videos, Daten des Kaufverhaltens oder Daten aus sozialen Netzwerken sein. Diese Daten werden gesammelt, sortiert und mit neuen, technischen Werkzeugen und Algorithmen analysiert.[1] Nicht nur das Internet erzeugt enorme Datenmengen, sondern

---

[1] Arthur, L. (2013 , S.29)

auch unzählige Informationssysteme in Unternehmen weltweit.[2] Traditionelle Datenbanken stoßen bei der Verarbeitung von Big Data schnell an ihre Grenzen. Zur Verarbeitung von unstrukturierten, strukturierten und semi-strukturierten Datenmengen werden neuartige Big Data Technologien eingesetzt, um Abweichungen, Zusammenhänge oder Trends aus den Informationen zu analysieren, Entscheidungen zu verbessern und den Unternehmenswert zu steigern.[3] Der Begriff Big Data lässt wörtlich darauf schließen, dass er über eine bestimmte Menge an Daten definiert ist. Eine solche Definition wäre in dem Zusammenhang jedoch weder hilfreich noch sinnvoll. Eine sinnvolle und anerkannte Definition charakterisiert Big Data anhand von mehreren Kriterien. Um den Begriff Big Data zu beschreiben, werden oft die sogenannten drei „V's" verwendet. Diese Definition von Big Data setzt sich aus den englischen Begriffen volume, velocity und variety zusammen.

Der Aspekt „Volume" beschreibt das große anfallende Datenvolumen der zu verarbeitenden Informationen. Die anfallenden Daten werden mittlerweile in Größenordnungen von Petabytes, Exaytes und Zettabytes gemessen. Grund hierfür ist die zunehmende Digitalisierung. Große Datenmengen können schon beim Speichern Probleme bereiten. Aus diesem Grund ist es ist wichtig präventiv ein geeignetes Speichersystem anzulegen.[4] Wie stark die jährlich produzierte Datenmenge voraussichtlich bis zum Jahr 2025 steigen wird, zeigt eine Studie der International Data Corporation aus dem Jahre 2017. (Abb. 1)

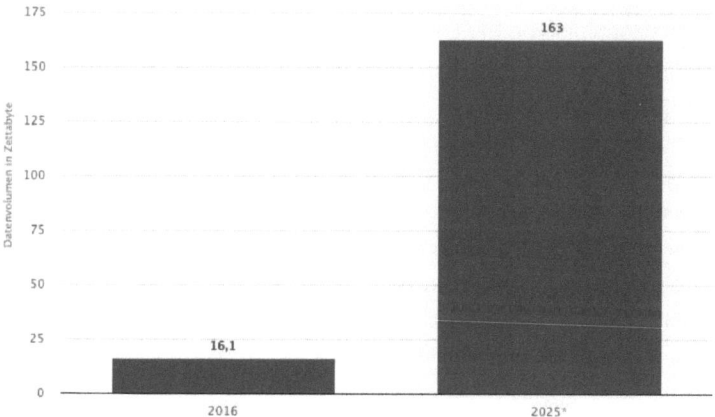

Abb. 1 Prognose zum Volumen der jährlich generierten digitalen Datenmenge weltweit in den Jahren 2016 und 2025 (in Zettabyte)[5]

---

[2] Vgl. Schön, D. (2016, S.297)
[3] Vgl. Schön, D. (2016, S.298)
[4] Bachmann/Kemper/Gerzer (2014, S.24)
[5] Vgl. Abb. 1 https://de.statista.com/statistik/daten/studie/3979/umfrage/e-commerce-umsatz-in-deutschland-seit-1999/ (Stand: 18.02.18 19:30)

Auch der Aspekt „Velocity" erhöht die Ansprüche an das Speichermedium. Laut Bachmann, Kemper und Gerzer umfasst der Aspekt der Geschwindigkeit zwei wesentliche Eigenschaften. Das stark wachsende Datenvolumen muss durch neue Technologien der Datenverarbeitung gestützt werden, um die großen Datenmengen schneller sowie effizienter verarbeiten zu können. Aus diesem Grund muss die Verarbeitungsgeschwindigkeit stetig erhöht werden. Des Weiteren unterliegen die Daten der Analysen einer stetigen Dynamik. Diese wird zum Beispiel durch Profiländerungen von Nutzern in sozialen Netzwerken verursacht. Durch die Aktualisierung der Daten gilt es neue Daten und Bestandsdaten zu trennen, da sonst keine schlüssige Interpretation der Daten möglich ist. Ein weiterer Problempunkt entsteht dann, wenn die Informationsverarbeitung in Echtzeit geschehen soll. Dies ist dann wichtig, wenn bestimmte Ergebnisse aus den Informationen innerhalb genau definierter Zeitgrenzen nach ihrem Eintreffen bereitstehen sollen.[6] Bei dem Aspekt „Variety„ ist die Vielfalt der Daten gemeint, die zur Analyse herangezogen werden. Durch verschiedene Informationsquellen fallen in einem Big Data System viele verschiedene Datenformate an. Im Kontext von Big Data liegen oft heterogen strukturierte Daten vor, was die Analyse erschwert, da die Daten keine festen Strukturen aufweisen und sie untereinander in Beziehung stellen. Unterschieden wird dabei zwischen strukturierten Daten wie relationale Datenbanken, semistrukturierten Daten wie formatierte Texte, bis hin zu unstrukturierten Daten wie von Menschen erfasste Bilder.[7]

2.2. Einsatzgebiete von Big Data

Zu den Anwendungsgebieten zählen heutzutage E-Commerce, Warenwirtschaft, Logistik und die IT. Die IT nutzt Big Data für die Suche nach IT-Problemen, wie zum Beispiel Sicherheitslücken, die Performance- und Nutzungsoptimierung sowie eine vorausschauende IT-Wartung und Instandhaltung.[8] Big-Data-Anwendungen kommen vermehrt im privatwirtschaftlichen Sektor, als auch in staatlichen Kontexten zum Einsatz. Durch die wachsenden Datenbestände ergeben sich für staatliche Akteure neue Möglichkeiten, ihre Entscheidungen präziser an den gesellschaftlichen Bedürfnissen auszurichten. Diese Potenziale werden bislang jedoch noch nicht voll ausgeschöpft. Die Stadtplanung greift schon lange auf empirische Erhebungen zurück und könnte durch einen stärkeren Fokus auf Big Data vollkommen neue Möglichkeiten eröffnen. Ein weiterer Aspekt der Verwendung von Big-Data-Analysen für staatliche Zwecke ist die innerstaatliche Gefahrenabwehr. Die Analyse großer Datenbestände kommt in Polizeibehörden immer

---

[6] Vgl. Bachmann/Kemper/Gerzer (2014, S.24-25)
[7] Vgl. Bachmann/Kemper/Gerzer (2014, S. 27)
[8] Vgl. Schön, D. (2016, S. 299)

häufiger zum Einsatz. Big Data wird für vorrauschauende Polizeiarbeit genutzt, um Verbrechensschwerpunkte in verschiedenen Stadtteilen zu analysieren oder um die Tageszeiten zu bestimmen, in denen es vermehrt zu bestimmten Straftaten kommt. In der Wissenschaft ist die Auswertung von großen Datenmengen bereits seit längerer Zeit etabliert. Auch in der empirischen Sozialforschung eröffnen sich erhebliche Potenziale. Daten wurden bislang in erster Linie über Befragungen gewonnen. Dank Big Data kann man nun anhand von Analysen der Beobachtungsdaten, wie sie zum Beispiel bei der Internet-Nutzung entstehen, neuen Wirkzusammenhängen nachgehen.

Darüber hinaus ist Big Data zunehmend aus individueller Perspektive ein Thema. Die „Quantified Self"-Bewegung findet immer größere Verbreitung. Hieraus ergeben sich für Unternehmen viele verschiedene wirtschaftliche Betätigungsfelder. So beginnen beispielsweise Versicherungen ein Interesse an den entstehenden Datenbeständen zu entwickeln.[9] Des Weiteren entstehen neue Produktinnovationen wie zum Beispiel die Apple Watch, die täglich persönliche Daten des Trägers erfasst. Es ist davon auszugehen, dass zukünftig eine hohe Anzahl von persönlichen Daten des Alltags über Sensoren aufgezeichnet werden. Hierzu zählen zum Beispiel detaillierte Rückschlüsse über Ernährungsgewohnheiten oder die Entwicklung der Gesundheit. Neben Smart Watches gewinnt auch der Bereich Smart Mobility in den letzten Jahren zunehmend an Bedeutung. Es geht um Technologien, die das Fahrverhalten von Autofahrern ausführlich protokollieren. So können beispielsweise geschlechtsspezifische Unterschiede im Fahrverhalten auf der Basis konkreter Daten analysiert werden.[10]

2.3. Technische Grundlagen

Big Data stellt Entwickler und Unternehmen zunehmend vor neue technische Probleme und Herausforderungen. Damit die Frage „Was machen wir mit den Datenmengen?" gezielt gelöst werden kann, müssen Entwickler zur Speicherung und Analyse der Daten neue Technologien entwickeln. Bisherige Lösungen der Hardware und Software stoßen bei den Datenmengen, die heutzutage anfallen, schnell an ihre Grenzen. Die reine Vergrößerung der Speicherkapazität oder die Leistungssteigerung der Server reichen dabei nicht aus. IT-Experten raten den Unternehmen daher zur kompletten Umstrukturierung und Überarbeitung der Informationstechnik.[11]

---

[9] Vgl. Versicherungen und die ‚Big-Data-Revolution', http://www.swissinfo .ch/ger/ohne-wearables-keine-krankenversicherung-_versicherungen-und-die-big-data-revolution-/41389092. (Stand: 13.02.18 23:35)
[10] Vgl. Big Data und Geschäftsmodell-Innovationen in der Praxis, ://www.bitkom.org/Bitkom/ Publikationen/ Big-Data-und-Geschaeftsmodell-Innovationen-in-der-Praxis-40-Beispiele.html. (Stand: 13.02.18 23:35)
[11] Vgl. Manhart Klaus, Big Data im Griff, (2013, S.1)

8

Eine Lösung für einen angemessenen Umgang mit Big Data ist die passende Storage-Technik. Alte Festplattentechniken sind den anfallenden Datenmengen nicht mehr gewachsen. Hersteller arbeiten daher an Flash-basierten Speichermedien, mit dem Ziel, die Kosten pro Bit zu reduzieren und die Speicherkapazität sowie die Leistung zu maximieren.[12] Ein weiterer Punkt, der bei der Erneuerung der Big Data Technologien beachtet werden sollte, sind die Techniken der Datenbanken. Herkömmliche Datenbanken kapitulieren vor den Datenmengen und vor allem vor der Komplexität der Daten. Die Mengen an unterschiedlichen Datentypen wie Bilder, Videos, Textdaten oder Musik, können von herkömmlichen Lösungen nicht mehr verarbeitet werden. Bei unstrukturierten Daten, wie Big Data, werden nicht-relationale Datenbanken verwendet. Diese werden als NoSQL bezeichnet. Neben NoSQL existieren außerdem In-Memory-Techniken, die den Umgang mit Big Data erleichtern. Der große Vorteil von In-Memory-Datenbanken ist die kurze Verarbeitungszeit. Die Verarbeitungszeit wird deutlich verkürzt, da die angesammelten Daten schon im Arbeitsspeicher gespeichert sind und nicht von einer Festplatte geladen werden müssen. Beispiel für eine In-Memory-Technik ist HANA. HANA ist eine Technologie- und Entwicklungsplattform des Softwareherstellers SAP, mit der Unternehmen große Datenmengen auswerten können. Big-Data-Technologien basieren auf dem Prinzip des „verteilten Rechnens", „distributed computing" (engl.). Gearbeitet wird auf einer Vielzahl von vernetzten Servern, auch Serverfarmen genannt. Apache Hadoop ist ein Software Framework für die Verarbeitung von großen Datenbeständen, das über ein großes Cluster von Computern verteilt ist. Apache Hadoop ist Open Source und seit dem Jahr 2008 ein Projekt der Apache Software Foundation. Verschiedene globale Unternehmen setzen auf Hadoop, darunter unter anderem Facebook, Twitter und Yahoo. Apache Hadoop ist der Standard für verteiltes Rechnen mit MapReduce. Anwendungen werden mit dem Hadoop Distributed File System im Cluster verteilt. Diese Vorgehensweise wird vom MapReduce Programmiermodell beschrieben. In diesem Modell besteht ein Programm aus zwei separaten Schritten. Der Map Schritt ist die Anwendung einer Berechnung auf alle Eingabedaten. Die Ergebnisse der Berechnungen werden anschließend im Reduce Schritt zum Ergebnis zusammengefügt. Das Framework übernimmt das Verteilen der Anwendung zu den Knotenpunkten mit Eingabedaten sowie das Transferieren der Ergebnisse zum Reducer. Der Programmierer muss in Hadoop ausschließlich die beiden MapReduce Schritte implementieren. Abbildung 2 illustriert dieses Vorgehen.

---

[12] Vgl. Rouse, Flash-basierte Solid State Drives (SSD) http://www.searchstorage.de/definition/Flash-basierte-Solid-State-Drives-SSD (Stand: 18.02.18 19:30)

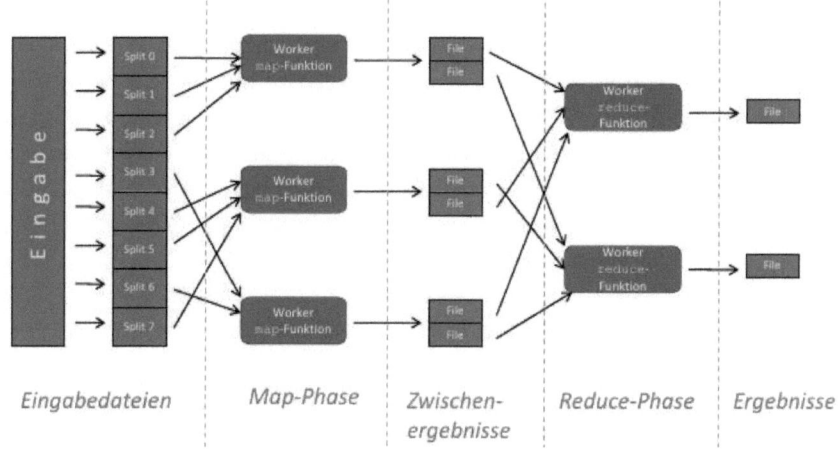

Eingabedateien · Map-Phase · Zwischen- · Reduce-Phase · Ergebnisse
ergebnisse

Abb. 2 MapReduce Programmiermodell[13]

Die Kernkomponenten von Hadoop sind das Hadoop Distributed File System, das Java Framework und eine Ausführungsumgebung für MapReduce Programme. Als erstes werden Anwendungen mit dem Hadoop Distributed File System im Cluster verteilt. Der Programmierer wird beim Verfassen von MapReduce Anwendungen durch das Java Framework unterstützt. Die passende Ausführungsumgebung verteilt die Anwendung im Cluster, führt sie aus und steuert die Kommunikation zwischen den verschiedenen Programminstanzen.[14]

3. Big Data im unternehmerischen Kontext

Auf Grundlage dieses theoretischen Gerüsts ist es wichtig zu betrachten, wo und wie sich Unternehmen die Daten zu Nutze machen können, um ihre Ziele zu erreichen und welche Erwartungshaltung sie gegenüber den Big Data Projekten haben. Dabei werden in diesem Kapitel die Erwartungshaltung und der potenzielle Nutzen von Big Data behandelt, Probleme und Herausforderungen dargelegt sowie die Auswirkung auf Unternehmen beschrieben.

---

[13] Vgl. MapReduce als Programmiermodel, https://www.google.de/search?q=mapreduce +programmiermodell&client=firefox-b&dcr=0&source=lnms&tbm=isch&sa=X&ved=0ahUKE wiwr47FmLDZAhVPEVAKHc5NB54Q_AUICygC&biw=1680&bih=886#imgrc=NeJab96tY-vHS0M: (Stand: 18.02.18 19:40)
[14] Vgl. Hadoop Wiki, http://wiki.apache.org/hadoop/PoweredBy (Stand: 18.02.18 20:00)

3.1. Erwartungshaltung und potenzieller Nutzen von Big Data

In Fachkreisen werden Daten vermehrt als „Öl des 21.Jahrhunderts" bezeichnet. Sie fördern und schaffen Wettbewerbsvorteile sowie ein großes Entwicklungspotenzial. Die Erwartungshaltung von Firmen in Bezug auf den Einsatz von Big Data Technologien und die Auswertung von Daten ist vielfältig ausgeprägt und unterscheidet sich von Branche zu Branche. Daten werden heutzutage neben den herkömmlichen Produkt-ionsfaktoren Arbeit, Boden und Kapital als ein weiterer Produktionsfaktor angesehen.[15] Big Data Lösungen zeigen bereits erste Erfolge, denn Unternehmen, die Big Data effektiv nutzen und in ihre Unternehmensprozesse integrieren, haben durchschnittlich eine 6 Prozent höhere Produktivität, sowie einen 10,8 Prozent höheren Umsatz.[16] Allgemein gesagt erhoffen sich Unternehmer von Big-Data-Lösungen eine Sicherung der langfristigen, strategischen Primärziele sowie Wettbewerbsvorteile gegenüber den konkurrierenden Unternehmen.[17] Dies gilt für interne Unternehmensziele wie zum Beispiel monetärer Natur oder für externe Unternehmensziele wie zum Beispiel eine Verbesserung der Kommunikation. Die Nutzung und Analyse von Big Data ist in allen Schritten der Wertschöpfungskette möglich und reicht von der Einkaufsplanung, zum Beispiel durch die Analyse saisonaler Trends, über die Produktion und den Vertrieb bis hin zum Kundenservice nach dem Verkauf.[18] Die Analyse sieht ein hohes Potenzial in der Steigerung der betrieblichen Effizienz und ist begründet durch den Zugriff auf Informationen nahezu aller betrieblichen Prozesse in Echtzeit. Des Weiteren dienen die Analysen der Automatisierung und Digitalisierung von bisher manuell getroffenen Entscheidungen. Ein weiterer wesentlicher Nutzen von Big Data ist die Möglichkeit der Massenindividualisierung von verschiedenen Services. Darunter versteht man die perfekte Abstimmung von Serviceleistungen mit den Bedürfnissen der Kunden. Des Weiteren liegt eine essentielle Chance in der langfristigen Entwicklung intelligenter Produkte. Diese technologischen Produkte werden mithilfe feiner Sensoren und der schnellen und effizienten Kommunikation mit Datenbanken zu einer effizienten Arbeitsweise mit hoher Lernfähigkeit im Stande sein.[19] Die vom IDC im September 2012 durchgeführte Befragung in 254 deutschen Unternehmen vermittelt einen direkten Eindruck über die Erwartungen an den Nutzen von Big Data. (Abb. 3)

---

[15] Vgl. Bitkom (2012, S.34)
[16] Vgl. Big Data: Before You Start Restricting It, Be Aware of All the Opportunities, https://www.wsj.com/articles/SB10001424127887323551004578121142661609474 (Stand: 18.02.18 23:40)
[17] Vgl. Bachmann/Kemper/Gerzer (2014, S.45)
[18] Vgl. King (2014, S.145)
[19] Big Data – Vorsprung durch Wissen: Innovationspotenzialanalyse, (Stand: 18.02.18 20:40)

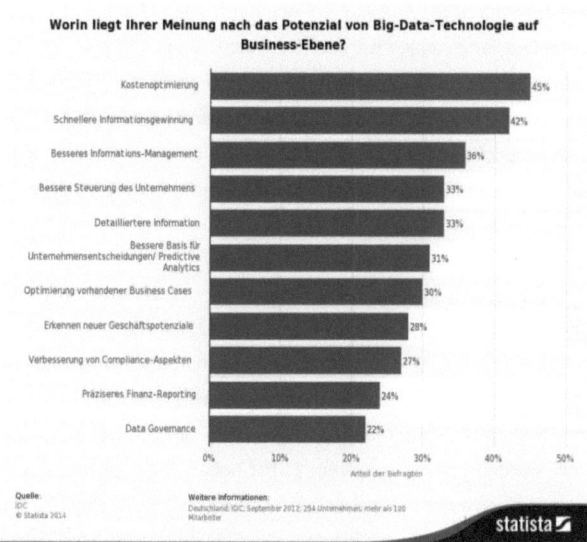

Abb. 3 Umfrage zum Potenzial von Big Data[20]

Aus der Befragung vom IDC kann man die Informationen entnehmen, dass in der besseren Steuerung des Unternehmens und detaillierteren Informationen, einem verbesserten Informationsmanagement, einer schnelleren Informationsgewinnung und in der Kostenoptimierung das meiste Potenzial gesehen wird.[21]

Eine steigende Transparenz und ein erhöhter Informationsgehalt durch die Analyse von Big Data lässt einen Abhängigkeiten und Zusammenhänge besser erkennen. Dies bildet eine Entscheidungsgrundlage und ermöglicht eine effiziente Entscheidungsfindung für Prozesse. Durch die Bewertung von Eintrittswahrscheinlichkeiten von Risiken können diese vorausschauend einkalkuliert und minimiert werden. Des Weiteren kann die Auswertung und Nutzung von Big Data zur Steigerung der Profitabilität führen. Eine gezielte und genaue Prognose von Bedarf und Nachfrage kann Engpässe verhindern und führt durch vorausschauende Planung zu Kostensenkungen.

Ein weiteres Potenzial, welches sich durch die Nutzung von Big Data bietet, ist eine dynamische Preisgestaltung, indem Preise automatisch an den Markt angepasst und Faktoren, die auf den Preis einwirken, einbezogen werden. Eine weitere Chance ist,

[20] Worin liegt Ihrer Meinung nach das Potenzial von Big-Data-Technologie auf Business-Ebene? https://de.statista.com/statistik/daten/studie/257962/umfrage/umfrage-zum-potenzial-vo   n-big-data-technologie-auf-geschaeftsebene/ (Stand: 18.02.18 20:40)
[21] Worin liegt Ihrer Meinung nach das Potenzial von Big-Data-Technologie auf Business-Ebene? https://de.statista.com/statistik/daten/studie/257962/umfrage/umfrage-zum-potenzial-vo   n-big-data-technologie-auf-geschaeftsebene/ (Stand: 18.02.18 20:40)

dass Unternehmensprozesse durch die Analyse der selbst erfassten Daten und ergän-
zende Daten aus weiteren Quellen optimiert werden. Schwachstellen und Fehler im Pro-
zessvorgang können somit aufgedeckt werden. Durch eine ganzheitliche Kundenana-
lyse, mithilfe von Daten aus verschiedenen Quellen, ist es möglich, Kampagnen auf Kunden und Kundengruppen zuzuschneiden. Des Weiteren kann mithilfe der Datenanalyse
eine Identifizierung und Ausschöpfung unentdeckter Marktpotenziale erreicht werden.[22]

3.2. Probleme und Herausforderungen von Big Data

Bezüglich Big Data gibt es eine Vielzahl von Herausforderungen, die ein Unternehmen
im Rahmen eines Big Data Projekts berücksichtigen sollte. Als erstes steht die Entschei-
dung, ob die benötigten Daten aus Eigenerhebung oder aus Zukauf von Daten aus ex-
ternen Quellen beschafft werden sollen. In diesem Punkt haben Online-Anbieter verschiedener Online-Services einen ausschlaggebenden Vorteil. Sie können relevante Daten direkt vom Nutzer erheben, da ihr Geschäftsmodell auf Daten basiert. Der Zukauf
von Daten ist oft mit hohen Kosten verbunden und rechtlich problematisch.

Des Weiteren müssen die gewünschten und benötigten Daten überhaupt auf dem Markt
verfügbar sein.[23] Die Eigenerhebung ist zudem oft ressourcen- und zeitintensiv. Das Ver-
trauen der Kunden ist ein entscheidender Aspekt des Datenzugangs. Hier beeinflusst
die Transparenz, die das Unternehmen bezüglich seiner Datenverarbeitung aufweist in
erheblichem Maße die Bereitschaft des Kunden, seine persönlichen Daten zur Verfü-
gung zu stellen.[24] Großkonzerne genießen, aufgrund ihrer öffentlichen Präsenz, eine
grundlegende Vertrauenswürdigkeit. Nutzer sind eher bereit, ihre Daten mit größeren
Unternehmen zu teilen. Dies ist einer Studie von Price Waterhouse Coopers zu entnehmen.[25]

Ein weiteres wesentliches Problem folgt aus der Authentizität und der Repräsentativität
von großen Datenmengen aus sozialen Netzwerken. Netzwerke wie Facebook und Ins-
tagram werden in unterschiedlichem Maße und in unterschiedlicher Quantität genutzt.
Außerdem können Nutzer mehrere oder gemeinsame Konten erstellen und Daten ver-
fälschen.[26] Des Weiteren werden Kommentare und Posts jeglicher Art sehr selektiv ge-
teilt, mit dem Ziel einer positiven Resonanz. Diese selektiv geteilten Daten lassen daher
nur unzureichende Einblicke in die Person zu.[27] Das Problem der richtigen Deutung von

---

[22] Vgl. Barbara Lix / Bernd Reimer, Revolution Big Data (2014, S.16)
[23] Vgl. King (2014, S.117)
[24] Vgl. Bothun/Lieberman/Tipton (2012, S.1)
[25] Vgl. Bothun/Lieberman/Tipton (2012, S.10)
[26] Vgl. Boyd/Crawford (2011, S.6).
[27] Vgl. Boyd/Crawford (2011, S.13).

Daten kommt nicht nur in der Interpretation zum Tragen sondern auch in der Deutung der Ergebnisse eines Big Data Projekts. Zurzeit mangelt es in Unternehmen oft an dem Verständnis darüber, wie Analytik in der Prozessoptimierung gezielt eingesetzt und genutzt werden kann. Zusätzlich mangelt es vielen Unternehmen an der Definition von genauen Zielen und sie agieren daher oft ohne gezielte Strategie. Dies birgt allerdings die Gefahr, große Investitionen zu tätigen, ohne einen verhältnismäßigen und messbaren Mehrwert zu erhalten.[28]

Oftmals ist unklar, ob die Planung und Realisierung dem Aufgabenbereich des Managements oder der IT-Abteilung obliegt. Eine erfolgreiche Durchführung von Big Data Projekten benötigt jedoch Know-how aus beiden Fachbereichen, um eindeutige Ziele zu formulieren und die technischen Mittel bereitzustellen. Um diese Fehlinvestitionen zu vermeiden und Big Data Projekte für Unternehmen sinnvoll und effizient zu gestalten, müssen sich Akteure auf den Einsatz von Big Data einstellen und eventuell ihre Struktur und ihre Unternehmensphilosophie anpassen.[29]

3.3. Auswirkungen auf Unternehmen

Die Schwierigkeiten der Big Data Technologien in Unternehmen haben einen großen Einfluss auf die Bereiche IT und das strategische Management. Das Ziel von Unternehmen, die Big Data Technologien einsetzen, ist der Aufstieg zu einem Analytical Competitor. Als Analytical Competitor bezeichnet man ein Unternehmen, welches aufgrund seiner starken Datenanalysefähigkeiten hohe Wettbewerbsvorteile gegenüber Konkurrenten erzielen kann.[30]

In Zukunft werden Unternehmen die Märkte beherrschen, die ihre Analysen von Big Data strategisch am effizientesten nutzen können. Um diesen Schritt umsetzen zu können muss das Unternehmen über ausgebildete Mitarbeiter mit analytischen Fähigkeiten verfügen.[31] Fachkräfte in diesem Bereich genießen am Arbeitsmarkt zurzeit eine sehr hohe Nachfrage. Eine 2011 erstellte Studie des McKinsey Global Institute geht davon aus, dass in den USA bis zum Jahre 2018 zwischen 140.000 und 190.000 Fachkräfte im Bereich Datenanalytik benötigt werden. Des Weiteren werden schätzungsweise 1,5 Millionen Führungskräfte mit Kompetenzen im Einsatz von Big Data Lösungen benötigt.[32] Die ausgebildeten Fachkräfte müssen in Teams, bestehend aus Führungskräften und

---

[28] Vgl. Bachmann/Kemper/Gerzer (2014, S.239)
[29] Vgl. King (2014, S.100)
[30] Vgl. Bachmann/Kemper/Gerzer (2014, S.48)
[31] Vgl. Bachmann/Kemper/Gerzer (2014, S.50)
[32] Vgl. Are you ready for the era of 'big data'? https://www.mckinsey.com/business-functions/strategy-and-corporate-finance/our-insights/are-you-ready-for-the-era-of-big-data
(Stand: 23.02.18 12:40)

IT- Fachleuten, eingeteilt werden, um verschiedene Big Data Projekte zu realisieren. Um den Austausch der Daten zwischen den verschiedenen Abteilungen zu vereinfachen, sollte eine zentrale Datenhaltung angestrebt und ein möglichst leichter Zugriff auf Daten und Analyseergebnisse ermöglicht werden.

Des Weiteren können Big Data Technologien zu Personalabbau und infolgedessen zur Einsparung von Kosten verhelfen. Dies wird erreicht, da durch Big Data Technologien automatisierte Datenerhebungen möglich werden. Auf dieser Grundlage können Systeme in Unternehmen zu autonomen Arbeitsschritten geringer Komplexität befähigt werden, zum Beispiel bei der effizienten Planung von Produktionsabläufen.

Der Erfolg von Big Data Technologien hängt auch von der Fähigkeit ab, die neue Technologie sinn- und zweckgemäß in den unternehmerischen Alltag zu integrieren. Um das Potenzial der neuen Technologien voll auszuschöpfen, muss das Unternehmen in der Lage sein, seine Strukturen und Managementstrategien den neuen Technologien anzupassen. Unternehmen sollten demnach über drei ausschlaggebende organisationale Kompetenzen verfügen. Als erstes muss das Unternehmen die Fähigkeit besitzen, verschiedene Erhebungsquellen der Daten im vornherein zu identifizieren und effizient zu nutzen. Darüber hinaus muss das Unternehmen über ausgeprägte analytische Fähigkeiten verfügen und in der Lage sein, die Unternehmensstruktur sowie die Managementstrategien auf die neue Big Data Technologie auszurichten. Zudem müssen die Big Data Strukturen flexibel aufgebaut sein, um sich flexibel an neue Gegebenheiten anpassen zu können. Der Wandel von Big Data lässt darauf schließen, dass sich in den folgenden Jahrzehnten, beispielsweise im Bereich der technologischen Möglichkeiten oder der Quellen, noch vieles verändern wird. Die Big Data Strategie eines Unternehmens sollte demzufolge eine hohe Flexibilität aufweisen.[33]

4.   Schlussbetrachtung

Auf Grundlage der vorliegenden, umfangreichen Literaturanalyse zum Thema Big Data und der Integration von Big-Data-Projekten in Unternehmen, lassen sich für die aufgestellte Forschungsfrage folgende Ergebnisse festhalten.

---

[33] Vgl. Bachmann/Kemper/Gerzer (2014, S.239)

4.1. Fazit

Warum ist Big Data für Unternehmen wichtig?

Die Probleme, die aus Big Data folgen, haben mit der Zeit neue Technologien und Prinzipien hervorgebracht und neues unternehmerisches Interesse an ihnen entfacht. Die erarbeiteten Ergebnisse lassen darauf deuten, dass mit der Nutzung von Big Data Technologien keine Erwartungen an einen bestimmten Nutzen verbunden sind. Die Erwartungshaltung umfasst mehrere Bereiche und ist eher allgemein unternehmensdienlich definiert. Dies lässt den Schluss zu, dass die genaue Zielsetzung mit einer gewissen Unsicherheit bezüglich Big Data behaftet ist. Das Konstrukt Big Data birgt aus unternehmerischer Perspektive ein sehr großes Potenzial. Von diesem Potenzial versprechen sich Unternehmen verschiedener Branchen Verbesserungen bezüglich Effizienz, Kundenverständnis, Risikoeinbindung und Innovation sowie ausschlaggebende Wettbewerbsvorteile. Der konkrete Einsatz und Nutzen ist nur schwer zu definieren und unterscheidet sich von Branche zu Branche.

Datenquellen können heutzutage benötigte Daten und Informationen in einem riesigen Umfang liefern. Konsumenten stellen diese Daten zunehmend durch die Nutzung mobiler Endgeräte und sozialer Netzwerke bereit. Des Weiteren ergaben sich in den letzten Jahren für Konzerne neue Möglichkeiten, Daten mit Kundenbezug zu sammeln, zu verknüpfen und schließlich zu analysieren.

Ebenfalls konnten strukturelle Voraussetzungen erarbeitet werden, die den Erfolg von Big Data Projekten begünstigen. Hierzu gehört die Schaffung organisatorischer Voraussetzungen wie eine geeignete technische Infrastruktur, die den Ansprüchen an Datenmengen sowie der Verarbeitungsgeschwindigkeit von Big-Data-Analysen gerecht werden. Um den Austausch der Daten zwischen den verschiedenen Abteilungen zu vereinfachen, sollte eine zentrale Datenhaltung angestrebt und ein möglichst leichter Zugriff auf Daten und Analyseergebnisse ermöglicht werden. Darüber hinaus müssen unternehmensintern interdisziplinäre Teams gebildet werden, deren Verantwortungen und Aufgaben eindeutig definiert sind. Die Zielsetzung eines Big Data Projektes und der Plan zur Realisierung muss ebenso klar definiert sein, um die Vorteile und Chancen der Analysen voll auszuschöpfen.

4.2. Ausblick

Die starken Wachstumsprognosen der Analysten sagen eine positive Zukunft und Entwicklung voraus und bestätigen die steigende Bedeutung von Big Data. Jährlich werden neue Datenquellen entwickelt und die Analysen von großen Datenmengen ausgebaut. Von besonderer Bedeutung ist die starke Entwicklung im Bereich der mobilen Endgeräte, die immer mehr Daten sammeln, welche von Unternehmen genutzt werden können. Vielen Industrieunternehmen fehlt jedoch ein strategisches Konzept zur Umsetzung von Big-Data-Projekten. Des Weiteren gibt es eine große Verunsicherung darüber, wie Big Data in die Unternehmensstruktur integriert werden soll, um in Zukunft wettbewerbsfähig zu bleiben. Aus dem Thema Big Data folgt ein großer Bedarf an externer Expertise, um Risiken so gering wie möglich zu halten und den Schritt in das Zeitalter von Big Data erfolgreich zu gestalten. Entscheidend ist zudem eine auf ein Ziel hin gerichtete Strategie, die auch die Einrichtung einer zentralen Funktion von Big Data im Unternehmen beinhaltet. Auf diese Art und Weise kann das Thema Big Data in Unternehmen verschärft werden und eine zielgerichtete und durch alle Stufen strukturierte Kommunikation erfolgen.

Anhand einiger Studien lassen sich erste Erfolge von Big-Data-Projekten belegen. Das omnipräsente Wachstum der Datenmengen trägt dazu bei, dass die Nutzung und die Analyse von Big Data noch weiter in den Fokus von Unternehmen rückt, um konkurrenzfähig zu bleiben. Die vorhandene Literatur vermittelt derzeit den Eindruck, Big Data sei eine Art Allheilmittel für eine Vielzahl an unternehmerischen Problemen, was sich auch in der anspruchsvollen Erwartungshaltung von Unternehmen wiederspiegelt. Ob die neuartigen Technologien diesen Erwartungen gerecht werden kann, wird die Zukunft zeigen.

5. Quellen- und Literaturverzeichnis

Literaturquellen

Arthur, L. Big Data Marketing: Engage your customers more effectively and drive value, Hoboken.

Bachmann, R.; Kemper, G.; Gerzer, T. Big Data – Fluch oder Segen?: Unternehmen im Spiegel gesellschaftlichen Wandels, Heidelberg

King, S. Big Data: Potential und Barrieren der Nutzung im Unternehmenskontext, Wiesbaden.

PDF Kammer, M. ; Otto, P. Big Data

Schön, D. Planung und Reporting: Grundlagen, Business Intelligence, Mobile BI und Big-Data-Analytics, 2.Auflage, Wiesbaden, Springer Gabler

Lix, B. ; Reimer B., Revolution Big Data

Internetquellen

Datenvolumen verdoppelt sich alle zwei Jahre, https://www.welt.de/wirtschaft/web-welt/article118099520/Datenvolumen-verdoppelt-sich-alle-zwei-Jahre.html (Stand: 13.02.18 22:06)

Versicherungen und die ‚Big-Data-Revolution,
http://www.swissinfo.ch/ger/ohne-wearables-keine-krankenversicherung-_versicher-ungen-und-die-big-data-revolution-/41389092 (Stand: 13.02.18 23:35)

Big Data und Geschäftsmodell-Innovationen in der Praxis, https://www.bit-kom.org/Bitkom/Publikationen/ Big-Data-und-Geschaeftsmodell-Innovationen-in-der-Praxis-40-Beispiele.html (Stand: 13.02.18 23:35)

The speed of life: Consumer intelligence Series,
http://www.pwc.com/sg/en/tice/assets/ticenews201208/consumerintelli-gence201208.pdf (Stand: 13.02.18 22:45)

Six Provocations for Big Data,
http://papers.ssrn.com/sol3/Papers.cfm?abstract_id=1 926431 (Stand: 13.02.18 00:45)

Big Data im Griff,
http://www.cio.de/dynamicit/management_strategie/2308070/ (Stand: 13.02.18 01:00)

Flash-basierte Solid State Drives (SSD),
http://www.searchstorage.de/definition /Flash-basierte-Solid-State-Drives-SSD (Stand: 18.02.18 19:30)

Hadoop Wiki, http://wiki.apache.org/hadoop/PoweredBy (Stand: 18.02.18 20:00)

MapReduce und Apache Hadoop,
https://www.google.de/search?q=mapreduce+programmiermodell&client=fire-
foxb&dcr=0&source=lnms&tbm=isch&sa=X&ved=0ahUK   Ewiwr47FmLDZAh-
VPEVAKHc5NB54Q_AUICygC&biw=1680&bih=886#imgrc=NeJab96tYvHS0M: (Stand:
18.02.18 20:00)

Bitkom (2012) Big Data im Praxiseinsatz,
http://www.bitkom.org/files/documents/BITKOM_LF_big_data_2012_online%2
81%29.pdf (Stand: 18.02.18 19:30)

Big Data: Before You Start Restricting It, Be Aware of All the Opportunities,
https://www.wsj.com/articles/SB10001424127887323551004578121142661609474
(Stand: 18.02.18 23:40)

**Worin liegt Ihrer Meinung nach das Potenzial von Big-Data-Technologie auf Busi-
ness-Ebene?,**   https://de.statista.com/statistik/daten/studie/257962/umfrage/umfrage-
zum-potenzial-von-big-data-technologie-auf-geschaeftsebene/ (Stand: 18.02.18 20:40)

Big Data – Vorsprung durch Wissen: Innovationspotenzialanalyse,
https://www.google.de/url?sa=t&rct=j&q=&esrc=s&source=web&cd=1&ved=0ahUKEwj-
vKbiv7DZAhUMPFAKHWdSDowQFggoMAA&url=https%3A%2F%2Fwww.iais.fraun-
hofer.de%2Fcontent%2Fdam%2Fiais%2Fgf%2Fbda%2FDownloads%2FInnovations-
potenzialanalyse_Big-Data_Fraunhofer-
IAIS_2012.pdf&usg=AOvVaw3cgVnW8pYQTN7npet
_PrSA (Stand: 18.02.18 20:40)

**Prognose zum Volumen der jährlich generierten digitalen Datenmenge weltweit in
den Jahren 2016 und 2025 (in Zettabyte),** https://de.statista.com/statistik/daten/ stu-
die/3979/umfrage/e-commerce-umsatz-in-deutschland-seit-1999/
(Stand: 18.02.18 19:30)

MapReduce als Programmiermodel,
https://www.google.de/search?q=mapreduce+programmiermodell&client=firefox-
b&dcr=0&source=lnms&tbm=isch&sa=X&ved=0ahUKEwiwr47FmLDZAhVPEVA-
KHc5NB54Q_AUICygC&biw=1680&bih=886#imgrc=NeJab96tYvHS0M:
(Stand: 18.02.18 19:40)

Datengetriebenes Marketing: Marketing-Realität vs. Kundenwunsch,
http://pages.silver pop.com/DAHT_FORSA02 (Stand: 23.02.18 11:40)

Are you ready for the era of 'big data'? https://www.mckinsey.com/business-functio
ns/strategy-and-corporate-finance/our-insights/are-you-ready-for-the-era-of-big-data
(Stand: 23.02.18 12:40)

BEI GRIN MACHT SICH IHR
WISSEN BEZAHLT

- Wir veröffentlichen Ihre Hausarbeit,
  Bachelor- und Masterarbeit

- Ihr eigenes eBook und Buch -
  weltweit in allen wichtigen Shops

- Verdienen Sie an jedem Verkauf

Jetzt bei www.GRIN.com hochladen
und kostenlos publizieren